D1925270

ASHLEY LIPPERT

Einfach glücklich leben

Mit Fotografien von
Jutta Schneider und Michael Will

HERDER

FREIBURG · BASEL · WIEN

Das Herz erwärmen

Es sind oft die kleinen, scheinbar unwichtigen Dinge, die ein Lächeln auf unsere Lippen zaubern und unser Herz erwärmen. Die ersten Knospen im Frühling, das zutrauliche Eichhörnchen im Park, der Duft von frisch gebackenem Kuchen. Welch ein Glück, dass du dich darüber freuen kannst.

Viele Menschen versäumen das kleine Glück, während sie auf das große vergebens warten.

Pearl S. Buck

Raum für neues Glück

Allzu gerne halten wir an Altem, Gewohntem fest, obwohl es eigentlich gar nicht mehr zu uns passt. Dabei spüren wir doch ganz genau, was uns guttut und was nicht. Ordnen wir doch einfach mal unser Leben neu, sortieren wir aus, werfen alten Ballast ab. Denn so schaffen wir Raum für neues Glück.

Der heutige Tag zählt!

Gestern ist vorüber und morgen ist noch weit. Der heutige Tag zählt! Genieße ihn bewusst und achtsam. Denn in jedem Augenblick kannst du die Dinge um dich herum aus einem neuen Blickwinkel betrachten. Und du erlebst auf wunderbare Weise, wie schnell sich ein finsterer Wald in eine sonnige Lichtung verwandeln kann.

Die wahren Entdeckungsreisen bestehen nicht darin, neue Landschaften aufzusuchen, sondern darin, neue Augen zu haben.

Marcel Proust

Rhabarber-Baiser-Kuchen

250 g Butter	*2 Eier*
500 g Zucker	*4 Eigelb*
250 g Mehl	*4 Eiweiß*
2 Pck. Vanillinzucker	*1 kg Rhabarber*
1 Pck. Backpulver	*Fett für die Form*

Den Rhabarber waschen, schälen und in kleine Stücke schneiden. Butter, 250 g Zucker, Mehl, Vanillinzucker, Backpulver, die zwei Eier und die vier Eigelbe zu einem Teig verrühren. Diesen dann auf ein gefettetes Backblech geben und den Rhabarber darauf verteilen. Bei 200°C ca. 20 bis 30 Minuten backen. Dann die Eiweiße zu Eischnee schlagen und den restlichen Zucker dabei nach und nach einrieseln lassen. Wenn der Kuchen fertig gebacken ist, wird der Eischnee auf dem heißen Kuchen gut verteilt. Den Kuchen dann noch mal bei 200°C ca. 10 Minuten backen. Aber aufpassen, dass der Eischnee nicht zu dunkel wird.

Wenn das Glück anklopft

Manchmal läuft uns das Glück über den Weg, aber wir haben die Augen gerade ganz woanders. Manchmal klopft es sogar an unsere Türe, aber wir sind zu beschäftigt, sie zu öffnen. Das Beste ist, wir sind jederzeit auf seinen Besuch gefasst und laden es ein, recht lange zu verweilen.

Glück im Alltag

Was bereitet es doch für einen Riesenspaß, zwischen aller Vernunft und Pflichterfüllung auch mal ein wenig frech aus der Reihe zu tanzen. Ein paar Schritte zu hüpfen, statt zu gehen, sich einen kleinen Wunsch erfüllen, einfach so … und den Alltag zum Glückstag erheben.

Was der Sonnenschein
für die Blumen ist, das
sind lachende Gesichter
für die Menschen.

Joseph Addison

Reis-Möhren-Lauch-Eintopf

Zutaten für 4 Portionen:

500 g Hackfleisch
750 g Lauch
250 g Möhren
1 Zwiebel
200 g Reis
2 Tassen Brühe
Salz und Pfeffer

Das Hackfleisch anbraten und mit Salz und Pfeffer würzen. Die fein gehackte Zwiebel dazugeben. Den Lauch putzen, in feine Ringe schneiden und untermischen. Die Möhren würfeln, zum Fleisch geben und ca. 6 Minuten dünsten. Mit der Brühe aufgießen und den Reis einrühren. Das Gericht auf kleiner Flamme etwa 20 Minuten garen lassen.

Mini-Meditation

Mit dem Blick einem Regentropfen folgen, wie er vom Grashalm langsam auf den Boden gleitet. Die mächtige Eiche betrachten, deren Äste sich im Winde wiegen. Das weiche Fell einer Katze berühren, ihrem wohligen Schnurren lauschen. So eine Mini-Meditation entspannt und macht rundum glücklich.

Lebens-Schätze

Kein Mensch besitzt alles. Aber jeder von uns hat etwas, das sein Leben reich macht. Was sind deine besonderen Lebens-Schätze? Freu dich darüber und bewahre sie in deinem Herzen. Oder verdopple gar dein Glück indem du deine Schätze mit jemandem teilst!

Ein ganz besonderer Urlaub

Unbeschwerte, glückliche Urlaubstage? Dazu ist gar keine große Reise nötig. Ein Badetag am einsamen Waldsee, eine Fahrradtour durch die blühende Landschaft, ein Gläschen Wein und ein leckeres Stück Käse daheim auf dem Balkon ... Möglicherweise wirst du dich gerade an diese Ferien besonders gern erinnern.

Willst du eine Stunde lang glücklich sein, so betrinke dich. Willst du für drei Tage glücklich sein, so heirate. Willst du für acht Tage glücklich sein, so schlachte ein Schwein und gib ein Festessen. Willst du aber ein Leben lang glücklich sein, so schaffe dir einen Garten an.

Aus China

Das Leben

... schmeckt nicht immer nur süß wie Erdbeermarmelade. Manchmal herrscht eher Sauer-Gurken-Zeit. Wer dennoch seine Zuversicht behält und das Beste daraus macht, wird eine Lösung finden. Vielleicht entdeckt er dabei überrascht, dass auch salzige Gurken glücklich machen können.

Erdbeer-Kokos-Marmelade

1 kg Erdbeeren
200 ml Kokosmilch
500 g Gelierzucker (2:1)
1 Pck. Zitronensäure

Erdbeeren waschen und vom grünen Strunk befreien. In grobe Stücke schneiden. Erdbeeren in einer Schüssel etwas zerstampfen, so dass auch noch ausreichend Fruchtstücke vorhanden bleiben. Die Kokosmilch, den Gelierzucker und die Zitronensäure zugeben. In einen Topf geben und aufkochen, bis es sprudelt. Dann noch drei Minuten weiterkochen lassen. Die heiße Marmelade in vorbereitete Gläser füllen und sofort verschließen. Tipp: Sobald man die Gläser verschlossen hat, sofort umdrehen und auf den Kopf stellen. So verschließt sich das Glas luftdicht, und die Keime am oberen Rand werden abgetötet. Bevor die Marmelade komplett erkaltet, aber wieder umdrehen.

Wieder Kind sein

Erinnerst du dich noch? Hüpfen durch die warmen Pfützen nach einem Sommergewitter? Der Geschmack des süßen Nektartröpfchens aus dem Blütenkelch der Taubnessel? Die geflochtenen Gänseblümchenkränze in deinen Haaren? Sei ab und zu mal wieder für ein Weilchen Kind. Neugierig, spontan, unbekümmert.

Wir meinen, das Märchen und
das Spiel gehöre zur Kindheit:
wir Kurzsichtigen! Als ob wir in
irgendeinem Lebensalter ohne
Märchen und Spiel leben möchten!

Friedrich Wilhelm Nietzsche

Das Glück im Augenblick

In der weichen Wiese liegen.
Einfach mal alle viere von sich strecken.
Die warmen Sonnenstrahlen auf
der Haut fühlen. Den würzigen Duft
der Natur einatmen. Am Himmel die
vorüberziehenden Wolken beobachten.
Dem kostbaren Glück des Augenblicks
nachspüren.

Damit du eine Welt in einem
Sandkorn erlebst und einen Himmel
in einer wild gewachsenen Blume,
halte die Unendlichkeit in der Fläche
deiner Hand und die Ewigkeit
für eine Stunde an.

William Blake

Erfrischender Sommer-Cocktail

Zutaten für 4 Portionen:

1 Prise Salz
½ Teelöffel Zitronensaft
2 Zitronenscheiben
100 ml eiskaltes Wasser
200 g säuerlicher Joghurt, gut gekühlt
1 Zweig Minze
Eiswürfel nach Belieben

Die Zutaten sind für kleine Drinks berechnet. Joghurt mit dem eiskaltem Wasser in einen Mixbecher oder eine Kanne gießen. Salz und Zitronensaft zufügen und kräftig mit dem Schneebesen aufschlagen, so dass sich eine Schaumkrone bildet. Minze fein hacken, untermixen. Eventuell ein bis zwei Eiswürfel in jedes Glas geben, Joghurt darauf gießen. Zitronenscheibe einschneiden, an den Glasrand stecken. Sofort servieren.

Wärme und Geborgenheit

Es ist doch ein unvergleichliches Glücksgefühl, nach einem langen Spaziergang in kühler Herbstluft die Haustüre aufzuschließen und von Wärme und Geborgenheit empfangen zu werden. Dein Zuhause. Deine Kuschelecke. Und du. Herrlich!

Ein Stückchen Glück

Immerzu glücklich sein und in allem nur das Beste sehen? Na, das ist sicher nicht immer möglich. Aber jeden Tag irgendwo ein kleines Stückchen Glück entdecken, das kann jedem Menschen gelingen. Also Augen auf und Glücksfinder werden! Du wirst mit einem freudigen Lächeln belohnt.

Wer sich freuen kann,
soll nicht bis morgen warten.

Sprichwort

Ashley Lippert, geb. 1961, leitet seit vielen Jahren die Redaktion »Lebensberatung« der Zeitschrift »die aktuelle« (dort bekannt als »Frau Bettina«). Sie ist Gesundheitspädagogin und Autorin zahlreicher Bücher.

In gleicher Ausstattung sind im Verlag Herder erschienen:

Einfach wohlfühlen

ISBN 978-3-451-30554-2

Einfach gelassen sein

ISBN 978-3-451-30549-8

Einfach Kraft schöpfen

ISBN 978-3-451-30553-5

© Verlag Herder GmbH, Freiburg im Breisgau 2012
Alle Rechte vorbehalten • www.herder.de

Grafische Gesamtgestaltung und Satz:
Manuela Wiedensohler, Schwarzwaldmädel
Einbandmotiv und Innenfotos: © Jutta Schneider und Michael Will
Herstellung: L.E.G.O. Olivotto S.p.A., Vicenza
Gedruckt auf umweltfreundlichem, chlorfrei gebleichtem Papier
Printed in Italy

ISBN 978-3-451-30552-8